Palavras de ouro

Coleção Confiança

Agradecer e louvar ao Senhor: palavras e gestos para fortalecer a nossa fé – Marie de la Visitation

Caminhos de luz: mensagens bíblicas que iluminam a vida – Tarcila Tommasi

Em sintonia com Jesus: orações para renovar sua fé e otimismo – Anselm Grün

Espiritualidade e autoajuda: palavras de sabedoria, fraternidade e esperança para o dia a dia – Pe. Roque Schneider, sj

Espiritualidade e entusiasmo: caminhos para um mundo melhor – Anselm Grün

Palavras de ouro: promessas bíblicas – Tarcila Tommasi

Senhor, ensina-nos a rezar: reflexões sobre o Pai-Nosso – Lambert Noben

Tarcila Tommasi

Palavras de ouro

Promessas bíblicas

Dados Internacionais de Catalogação na Publicação (CIP)
(Câmara Brasileira do Livro, SP, Brasil)

Tommasi, Tarcila
  Palavras de ouro : promessas bíblicas / Tarcila Tommasi. – São Paulo : Paulinas, 2011. – (Coleção confiança)

  ISBN 978-85-356-2844-9

  1. Bíblia - Citações 2. Bíblia - Leitura 3. Bíblia - Teologia 4. Bíblia - Uso - Manuais, guias etc. 5. Vida cristã - Ensinamento bíblico I. Título. II. Série.

11-06752 CDD-220.6

Índices para catálogo sistemático:

1. Bíblia : Interpretação e crítica 220.6
2. Bíblia : Leitura 220.6
3. Vida cristã : Temas : Ensinamentos bíblicos 220.6

Citações bíblicas: *Bíblia Sagrada* – Tradução da CNBB. 7. ed. São Paulo, 2008

Direção-geral:	Bernadete Boff
Editora responsável:	Andréia Schweitzer
Copidesque:	Ana Cecilia Mari
Coordenação de revisão:	Marina Mendonça
Revisão:	Sandra Sinzato
Assistente de arte:	Sandra Braga
Gerente de produção:	Felício Calegaro Neto
Projeto gráfico:	Manuel Rebelato Miramontes
Editoração eletrônica:	Wilson Teodoro Garcia

1ª edição – 2011
3ª reimpressão – 2018

Nenhuma parte desta obra poderá ser reproduzida ou transmitida por qualquer forma e/ou quaisquer meios (eletrônico ou mecânico, incluindo fotocópia e gravação) ou arquivada em qualquer sistema ou banco de dados sem permissão escrita da Editora. Direitos reservados.

Paulinas
Rua Dona Inácia Uchoa, 62
04110-020 – São Paulo – SP (Brasil)
Tel.: (11) 2125-3500
http://www.paulinas.org.br – editora@paulinas.com.br
Telemarketing e SAC: 0800-7010081

© Pia Sociedade Filhas de São Paulo – São Paulo, 2011

Sumário

Introdução 9
O infinito que procuro... 14
O maior segredo 16
O perdão que refaz 20
É possível mudar 22
O grande convite 24
Alguém me ama 26
Coragem! 28
Sinto-me tão pequeno... 30
"Pedi o que quiserdes..." 34
Não há órfãos... 36
A luz que acompanha 38
A vitória do amor 40
A paz que tanto desejo 42
Promessas que atravessam a história 44

*Agradeço a Jesus Mestre,
Verdade, Caminho e Vida,
que sempre vai à frente iluminando os caminhos,
porque nele, por primeiro,
realizou-se o "sim" a todas as promessas
de Deus Pai.*

Introdução

Palavras de ouro – a expressão "ouro" quer significar, aqui, o alto valor da palavra quando ela é pronunciada por alguém que *faz o que diz*.

Pepitas de ouro não se encontram em qualquer esquina de rua. E o ser humano vive à procura de um valor que dê sentido a sua vida. Não é raro que se desvie do caminho desse tesouro, perca a direção e, às vezes, até substitua o objetivo da busca, prendendo-se a um bem aparente.

Procurar o tesouro é a razão de ser e, ao mesmo tempo, é o desafio que se nos apresenta; se não houver empenho nessa busca, a vida fica sem horizontes, o coração sofre inquieto.

Só o Mestre e Senhor Jesus pode nos indicar o caminho de tal tesouro. Ele é esse caminho: "Tu tens palavras de vida eterna" (Jo 6,68). Jesus é o Verbo (a Palavra de Deus) que se fez homem para que pudéssemos escutar as propostas divinas. Essas palavras precisam ressoar dentro de nossas mentes, encontrar eco em nossos corações, porque é Deus mesmo quem fala dentro de nós.

Como pai de amor e misericórdia, ele quis assumir um compromisso conosco. São promessas que sustentam nossa fé e animam nossa esperança.

Cabe a nós, como filhos amados e "parceiros" dessas promessas, responder a seus apelos.

Essas promessas estão engastadas nas "palavras de ouro" da Bíblia Sagrada. Com o salmista, digo: "Alegro-me com tua promessa" (Sl 119,162). Animada por esta alegria – porque pela fé somos filhos da promessa (cf. Hb 11) –, desejo partilhar com você algumas dessas "palavras de ouro".

Tarcila Tommasi, fsp

O Senhor tem compaixão e ajuda-nos

"Tudo é possível para quem crê."

(Mc 9,23)

O infinito que procuro...

Nenhum ser humano é perfeito. Há no coração de cada um de nós o desejo profundo do "infinito": amar e ser amado ao infinito, saber sem limites, paz completa, saúde total etc.... E na realidade da vida, como criaturas humanas, somos seres dependentes em muitas situações.

Aqui se revela a grande busca do coração humano: encontrar a fonte do amor, gozar da fonte da vida, repousar na fonte da paz. Santo Agostinho de Hipona se expressou assim: "Inquieto está meu coração até que não descansa em vós, Senhor".

Não há outra saída para a felicidade total do ser humano, senão a busca da fonte suprema que dá sentido à existência.

Reflita nesta promessa:

*Se alguém tem sede,
venha a mim, e beba.
Quem crê em mim,
do seu interior correrão
rios de água viva.*

(Jo 7,37-38)

O maior segredo

Não somos seres isolados e desconectados. Do ponto de vista bíblico, Deus criou o universo e a humanidade com um desígnio especial. Na sua essência, Deus é amor: esta é a "marca" que gravou em cada ser que criou. Amor é relação.

Amor é o DNA de cada criatura humana.

Não podemos esquecer ou apagar esta marca indelével se, desde tempos antigos, Deus afirmou: "Vê que escrevi teu nome na palma de minha mão" (Is 49,16). Ele nos carrega consigo... em todos os momentos, sejam eles bons ou não.

Concretizando a vida de amor por nós, "Jesus nos amou até o extremo" – extremo na intensidade e na duração (cf. Jo 13,1).

Passar a vida conscientizando-nos desse amor eterno é o tempo mais bem empregado. É caminhar na descoberta do maior segredo de Deus a nosso respeito.

Paulo, apóstolo,
revelou assim sua experiência:

Minha vida atual na carne,
eu a vivo na fé,
crendo no Filho de Deus,
que me amou
e se entregou por mim.
(Gl 2,20)

Quem constrói sobre a Palavra, edifica a casa da própria vida sobre a rocha

"Para edificar a própria vida, o ser humano tem necessidade de alicerces sólidos, que permaneçam mesmo quando falham as certezas humanas."

(Bento XVI, Exortação apostólica pós-sinodal *Verbum Domini*, n. 10)

O perdão que refaz

Quando alguém nos dirige palavras ofensivas, é como se abrisse uma ferida em nosso coração. Mas, nessas ocasiões, manter ressentimentos e queixas significa abrir caminhos para doenças. O perdão dado a quem nos ofendeu é de grande ajuda para sanar esse tipo de ferida.

Para muitos, essa atitude pode parecer um ato de fraqueza, ou humilhação... E se recusam a dar o primeiro passo.

O próprio Jesus Cristo reconheceu a dificuldade que temos de perdoar. Por isso, ele nos precedeu perdoando a seus algozes: "Pai, perdoa-lhes...", suplicou agonizando na cruz (cf. Lc 23,34).

É verdade, não basta pensar em perdoar. É preciso chegar à ação. Em oração, comece afirmando: "Com a ajuda de Deus, eu agora perdoo... (*dizer o nome da pessoa*)".

A promessa divina
contém o dom do perdão para você
e a força para perdoar:

*Perdoem os outros,
e Deus perdoará vocês.*
(cf. Lc 6,37)

É possível mudar

Ficar aflito, angustiado diante de uma dificuldade, só contribui para aumentar o problema.

Você não nasceu com o costume de afligir-se; então, isso foi adquirido. E você pode mudar esse costume... É só se determinar a "jogar no lixo" toda aflição.

Respire fundo várias vezes: a calma ajuda na reflexão e a encontrar possíveis soluções, mesmo quando a situação nos parece difícil.

Busque ajuda, confiando seu problema a pessoas experientes. E lembre-se: Jesus acalmou até as ondas tumultuosas do mar, quando elas tentavam submergir a barca em que estava com seus discípulos (cf. Mc 4,39). Sendo assim, como não acalmará a mente de quem, em suas aflições, confia nele?

Vale a sua promessa:

Eis que estou convosco todos os dias,
até o fim dos tempos.
(Mt 28,20)

O grande convite

A vida tornou-se pesada? Um problema somou-se a outro sem que você encontre uma solução adequada? Mas, se tem fé, não precisa carregar esse fardo sozinho, até esgotar suas forças.

Há tanto tempo Deus tem feito um convite para livrar você dessa infelicidade: "Entrega ao Senhor tua ansiedade e ele te dará apoio, nunca permitirá que vacile o justo" (Sl 55,23).

Deus não nos livra dos problemas, mas sempre dá forças e apoio a quem nele confia.

Pessoas que estão de bem com a própria vida empenham-se em aceitar seus limites e fraquezas, como também procuram relativizar as falhas dos outros. Essa atitude de aceitação favorecerá o bom relacionamento na família, no trabalho e na comunidade.

Confie mais na promessa divina:

Vinde a mim, todos vós
que estais cansados
e carregados de fardos,
e eu vos darei descanso.
(Mt 11,28)

Alguém me ama

Quantas vezes você já se sentiu frustrado em seus objetivos, ou ignorado por seus amigos e até mesmo pelos seus familiares, ou pouco valorizado por aquela pessoa a quem prestou bons serviços!... Nessas situações, talvez tenha brotado em sua mente esta pergunta: Alguém ainda me ama?

Nesses momentos, até de raiva, é fácil começar a pensar: Será que Deus ainda me ama?

Muitos pensam que o amor de Deus é um dom que precisamos conquistar, fazendo algo por ele. Mas não é assim o relacionamento que Deus tem para conosco, seus filhos. Seu amor é totalmente gratuito.

"Deus é amor", diz a Bíblia. E a maior prova de seu amor por nós está no fato de que ele enviou seu filho Jesus para nos salvar, quando ainda éramos pecadores.

Realmente, Deus nos ama!
E para que tivéssemos condições de retribuir
e sermos felizes,

Ele nos amou primeiro.
(1Jo 4,19)

Coragem!

Coragem não é ausência de medo, mas confiança e fé nos momentos difíceis. Nessas ocasiões, cada um de nós sente a possibilidade de ter as mais diferentes reações: Enfrentar? Fugir? Gritar por socorro?

O bom senso nos indicará qual a melhor solução.

Sem dúvida, a reação ao medo constitui ocasião de crescimento interior ou de frustração. Em ambos os casos, isso nos ajuda a tomar consciência do que somos e de como reagimos.

A força mais poderosa que vence o medo é a fé e o amor confiante.

Deus conhece nosso coração
até o mais profundo de seus meandros.
E, para nos ajudar, deu-nos este lindo Salmo:

O Senhor é o meu pastor, nada me falta.
Ele me faz descansar em verdes prados,
a águas tranquilas me conduz.
Restaura minhas forças,
guia-me pelo caminho certo,
por amor do seu nome.
Se eu tiver de andar por vale escuro,
não temerei mal nenhum, pois comigo estás.

(Sl 23,1-4)

Sinto-me tão pequeno...

É verdade, somos realmente muito pobres de espírito e nem sempre nossa conduta se mantém na dignidade de filhos de Deus.

"Vede que grande presente de amor o Pai nos deu: sermos chamados filhos de Deus! E nós o somos" (1Jo 3,1). Aqui está nossa grandeza!

Deus não nos pede grandes realizações. Ele quer que tenhamos corações humildes e que sejamos sinceros: "Sim, quando é sim; não, quando é não" (cf. Mt 5,37).

É mais fácil ser feliz com as pequenas coisas do que viver aguardando grandes realizações. Ninguém vive sempre feliz ou em estado de euforia. Não nos deixemos iludir.

Quem coloca sua felicidade na dependência de ocasiões de sucesso ou de circunstâncias externas ainda não aprendeu a "arte de ser feliz".

Esta é uma profunda certeza:

Em Deus vivemos,
nos movemos e existimos.
(cf. At 17,28)

Deus fala e responde às nossas perguntas...

"Na Bíblia, encontramos resposta para as perguntas mais profundas que habitam em nosso coração."

(cf. Bento XVI, Exortação apostólica *Verbum Domini*, nn. 4 e 23)

"Pedi o que quiserdes..."

Esta é a proposta alvissareira do Mestre Jesus. Ele conhece o coração das pessoas e sabe que todos vivemos num mundo de esperanças e sonhos. É verdade, os sonhos alimentam nossa caminhada e não permitem que desistamos de nossos objetivos.

No Evangelho, Jesus coloca uma condição para que se realize a promessa: *o seguimento e a vida de intimidade com aquele que tudo pode*. Ele explica este processo com a metáfora da videira e dos ramos: a vitalidade dos ramos depende da árvore; cortados da planta, tornam-se secos, sem nenhuma utilidade.

Ser discípulo de Jesus não é apenas ser seu fã; e também não é preciso fanatismo. O Mestre divino quer discípulos, seguidores fiéis, que vivem e dão testemunho de sua Palavra.

Aqui, então, se completa
sua promessa:

*Pedi o que quiserdes,
e vos será dado.*
(Jo 15,7)

Não há órfãos...

A cruz onde Jesus entregou sua vida por nós revela a disposição de Deus Pai de nos amar a qualquer custo. O preço de nossas transgressões foi transferido para as chagas de seu Filho.

Mas Jesus não permaneceu na solidão, não terminou sua vida como um filho abandonado. Esgotado pela dor, sim; mas, pleno de confiança, orou assim: "Pai, em tuas mãos eu entrego o meu espírito" (Lc 23,46).

Três dias depois, irrompeu a vitória da ressurreição. Cristo ressuscitou!

Se Deus-Pai-Mãe é por nós, não há órfãos entre nós.

Jesus prometeu:

Não vos deixarei órfãos...
Quem me ama será amado por meu Pai,
e eu o amarei e me manifestarei a ele.
(Jo 14,18.21)

A luz que acompanha

"Quem me segue não caminha nas trevas, mas terá a luz da vida" (Jo 8,12).

A palavra "trevas" tem um significado muito amplo: escuridão, dúvida, angústia, o poder do mal. Por isso, Jesus nos convida a libertar-nos das obras das trevas. Ele é o libertador: seguindo-o nos tornamos filhos da luz (cf. Jo 12,36).

Acreditar na luz, mesmo quando ela aparece entre fracos rasgos de nuvens, é sempre uma atitude de oração. Deus escuta, ainda que o grito brote de um coração que, não tendo palavras, vive um silêncio sufocado pela dor.

Tudo o que acontece, se for vivido na fé e no amor, pode se tornar "caminho para a grande luz", em direção ao abraço de Deus.

Vale a promessa divina:

Não será mais o sol a luz do teu dia,
nem será a lua que vai te iluminar à noite;
o próprio Senhor será para ti luz permanente.
(Is 60,19)

A vitória do amor

Muitos dizem: "A esperança é a última que morre". Mas, para quem crê, a esperança nunca acaba, porque temos promessa de vida eterna: "Quem se alimenta com a minha carne e bebe o meu sangue tem a vida eterna, e eu o ressuscitarei no último dia" (Jo 6,54).

Sem dúvida, estamos diante de um mistério da fé. Nossa inteligência é limitada, e Deus age além de nossa imaginação. O corpo de Cristo, presente na Eucaristia, é seu corpo ressuscitado e, como tal, não está submetido às dimensões físicas nem ocupa um lugar.

Quando recebemos o corpo de Cristo, estamos comungando o seu corpo glorificado na ressurreição. Na comunhão ele se torna garantia e antecipação de nossa vida eterna.

Na morte de Cristo, a morte foi profundamente aniquilada: venceu o amor eterno de Cristo por nós!

Jesus garante esta promessa:

Eu o ressuscitarei no último dia.
(Jo 6,54)

A paz que tanto desejo

Muitas pessoas acham que dinheiro, sucesso e bens materiais trazem felicidade. E parecem viver tranquilas. Mas, nas curvas da vida, quando acontece uma decepção, uma doença, um conflito conjugal ou outro problema qualquer, essas pessoas perdem a paz. Seguem-se ansiedade, tristeza, preocupação, depressão, e até distúrbios neurológicos.

Que fazer? Pela fé na Palavra de Deus, sabemos que ele é Pai e cuida de nós. Mas, na realidade, essa fé ainda não chegou ao coração da vida.

Quem sabe, então, estejamos vivendo somente uma religião que "dá para o gasto". E que até permite que mudemos para outras crenças... outros "deuses"...

Mas a paz verdadeira para o coração irá voltar quando acreditarmos ser possível viver a segurança de um filho de Deus que está firme e confiante no regaço de quem o amou e salvou.

Para quem confia,
Jesus prometeu:

*Não fiquem aflitos
nem tenham medo.
É a minha paz que eu lhes dou.*
(cf. Jo 14,27)

Promessas que atravessam a história

O evangelista Lucas coloca, nos lábios e no coração da jovem Maria de Nazaré, um cântico que celebra a fidelidade de Deus às promessas que fez a seu povo.

Essas promessas foram sancionadas por uma Aliança com o povo eleito. E a fidelidade a elas é expressa, neste canto, em termos de "lembrança". Isto é, o que Deus prometeu, ele se empenhou em cumprir ao longo da história de salvação.

Tudo se realizou segundo a "grande misericórdia de Deus que nos acompanha em todos os tempos".

Dentro dessa história da misericórdia divina, que dá sustentação e atravessa os séculos, cada um de nós é convidado a encontrar sua própria história de perdão, amor, salvação.

Maria proclamou:

*A misericórdia de Deus se estende
de geração em geração,
sobre aqueles que o temem
porque "eterno é seu amor!".*
(cf. Lc 1,46-55; Sl 100,5)

Impresso na gráfica da
Pia Sociedade Filhas de São Paulo
Via Raposo Tavares, km 19,145
05577-300 - São Paulo, SP - Brasil - 2018